Mit aufrichtiger
Anteilnahme

von

____

Irmgard Erath

Spuren der Liebe

Gedanken des Trostes

Butzon & Bercker

Innig verbunden

Wenn ein Mensch uns verlassen musste,
mit dem wir uns innig verbunden fühlten,
ruft die Liebe alles Schöne,
das wir gemeinsam erleben durften, in unser Herz.
Sie schenkt uns die tröstende Wärme
glücklicher Erinnerungen und eine innere Nähe,
die uns selbst der Tod nicht nehmen kann.

Für immer geborgen

Unüberwindbar scheinen die Grenzen
zwischen Diesseits und Jenseits.
Und doch bleiben wir einander nah.
Denn in unseren Gedanken, in unserer Sehnsucht
ist unser Glück geborgen,
und in unserer Liebe bleibt der Mensch,
um den wir weinen,
Teil unseres Lebens.

Verbunden bleiben

Der Mut,
den geliebten Menschen loszulassen,
ist der größte Beweis unserer Liebe,
und das Bejahen unserer Sehnsucht
ist die schönste Art,
mit ihm verbunden zu bleiben.

Jeder Gedanke …

… an den geliebten Menschen,
jeder Augenblick der Sehnsucht,
jedes Gefühl der Dankbarkeit,
jede geweinte Träne …
wird zu einem Stern
auf unserem Weg.

Was bleibt

Auch wenn die Sonne des Glücks unterging,
so bleibt uns doch die Liebe,
die sie scheinen ließ.
Uns bleibt das Schöne,
das sie in unser Leben brachte,
und die Wärme,
die sie unserem Herzen schenkte.

Hier ist es ein Abschied …

… dort ein Wiedersehen.
Hier ist es ein Fortgehen,
dort ein Heimkehren.
Hier ist es ein Ende,
dort ein Neubeginn.
Hier ist es ein Erlöschen,
dort ein Wiederaufstrahlen.
Hier ist es ein Sterben,
dort ein Erwachen zum ewigen Leben.

Der Liebe vertrauen

Auch jetzt lässt uns
die Liebe nicht allein.
Denn was uns auferlegt wird,
das hilft sie uns tragen.
Wo sich uns eine Tür verschließt,
öffnet sie ein Fenster.

Wenn Trauer uns erfüllt,
schenkt sie uns Trost,
und was uns genommen wird,
gibt sie uns auf andere Weise
wieder zurück.

Spuren im Licht

Wie schön sind Spuren in der Natur,
wenn das Licht der Sonne darauf fällt.

Wie schön sind Spuren im Herzen,
wenn das Licht der Liebe
und der Dankbarkeit darauf fällt.

Sterben …

Augenblick, in dem Himmel und Erde,
sichtbare und unsichtbare Welt
sich berühren …
Augenblick, in dem Diesseits und Jenseits,
Zeit und Ewigkeit
sich still begegnen …
Augenblick,
in dem nur noch die Liebe zählt.

Unvergesslich

Ebbe und Flut
Morgensonne und Abendrot
Blüte und Frucht ...
Sie verleihen der Natur diese
lebendige Schönheit, die sie
so unvergleichlich macht.

Glaube und Hoffnung
Vertrauen und Zuversicht
Liebe und Güte ...
Sie verleihen dem Menschen
diese innere Schönheit,
die ihn so unvergesslich macht.

Das Schönste und Kostbarste …

… das ein Mensch uns zurücklassen kann,
wenn er von uns Abschied nehmen muss,
ist seine Liebe.

Sie wird glückliche Erinnerungen
in unsere Einsamkeit tragen
und unser Herz trösten.
Seine Liebe wird uns auf unserem
weiteren Weg begleiten.
Sie wird bei uns sein, für uns da sein,
wann immer wir an ihn denken.

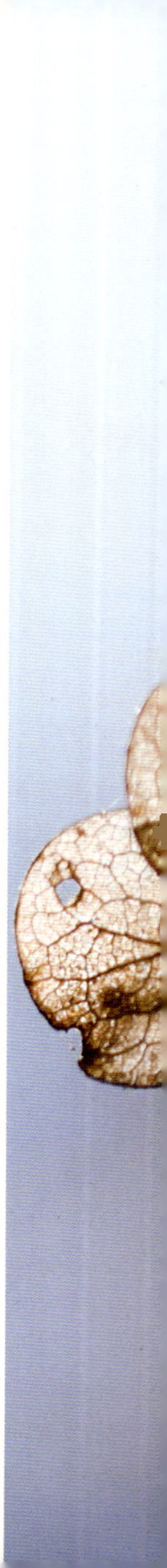

Die Liebe und die Seele

Wie die Blumen, die Freude,
das Glück, unsere Träume ...
so schön und so vergänglich
ist auch das Leben.

Und doch ist der Mensch unsterblich
durch die Liebe.
Denn sie wohnt in seiner Seele.
Die Liebe und die Seele
gehören zusammen:
Sie sind eins.
Und der Tod hat keine Macht über sie.

Stille Hoffnung

Wie schön wird es sein,
wenn sich einst die Hoffnung erfüllt,
die wir im Herzen tragen:
einander wiederzusehen.

Wie schön wird es sein,
wenn wir einst voll Liebe
von dem Menschen erwartet werden,
dem hier unsere ganze Sehnsucht gilt.

Lass dich begleiten

In deiner Trauer wirst du die Stille
und das Alleinsein suchen,
und doch wird dein Herz sich nach
der tröstenden Nähe der Menschen sehnen,
bei denen du dich geborgen weißt.
Lass dich von ihnen begleiten.

So fern und doch so nah …

… wie sich das Meer und der Himmel sind,
wenn sie sich am Horizont
zu berühren scheinen,
so eng verbunden
und doch so weit entfernt
sind Diesseits und Jenseits,
sichtbare und unsichtbare Welt.

So fern und doch so nah
sind die Menschen,
die uns verlassen mussten
und doch immer zu uns gehören.

Behütete Erinnerungen

Groß ist die Macht des Todes,
der alles verloren erscheinen lässt,
was unsere kleine Welt so schön
und unser gemeinsames Leben
reich gemacht hat.

Doch viel größer ist die Macht der Liebe,
die all das, was uns kostbar war,
in glückliche Erinnerungen verwandelt
und sie in die Obhut unseres Herzens gibt.

Liebevoll beschützt

Das Glück,
das die Menschen uns schenkten,
die zu uns gehörten,
ist ein kostbarer Schatz,
über den unser Herz liebevoll wacht.

Getröstet und geliebt

Auch wenn der Mensch,
dem unser Herz gehörte,
uns nicht mehr in die Arme nehmen,
uns nicht mehr trösten,
nicht mehr bei uns sein kann …
… fühlen wir uns umarmt,
getröstet und geliebt,
wann immer wir an ihn denken.

Die Liebe ist immer da

Heute ist die Liebe in deiner Trauer
und in deinem Abschiedsschmerz.
Sie ist in deinen Gedanken
und in all deinen Fragen.

Später wird sie in deiner Freude
und in deinen Träumen sein.
Sie wird bei dir sein in deiner Hoffnung
und in deinem neuen Mut zum Leben.

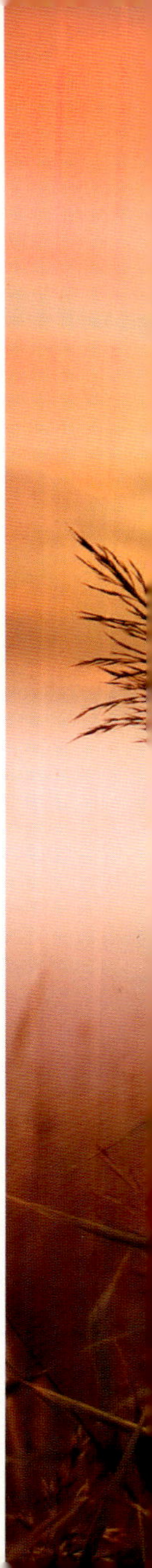

Tagebuch des Herzens

Hab keine Angst,
etwas von dem zu verlieren,
was ihr einander geschenkt,
was ihr miteinander erlebt habt.

Denn all das, was in deinem Innersten
Spuren hinterlassen hat, mag es Schönes
oder Schmerzvolles gewesen sein,
bleibt in deinen Erinnerungen lebendig.

Sie sind das Tagebuch deines Herzens,
in dem du blättern kannst,
wenn du dich nach jenen Bildern sehnst,
in denen du Vergangenes wiederfindest.

Etwas wird bleiben

Von dem Menschen,
den wir geliebt haben,
wird immer etwas
in unserem Herzen
zurückbleiben:

etwas von seinen Träumen,
etwas von seinen Hoffnungen,
etwas von seinem Leben,
alles von seiner Liebe.

Brücke, die verbindet

Glaube, Liebe,
Erinnerungen, Dankbarkeit …
Sie bilden diese wunderbare Brücke,
die uns innerlich miteinander verbindet;
eine Brücke, über die wir immer wieder gehen
und einander jeden Augenblick
nah sein können.

Der Trauer Zeit lassen

Die Liebe kann dir
die Trauer nicht nehmen,
aber sie umfängt sie voller Zärtlichkeit.
Dein Herz wacht über sie
und hält sie fest
wie ein Baum seine Frucht,
die noch reifen muss.

Verdränge deine Trauer nicht
und lass ihr Zeit,
bis dein Herz sie
wieder freigeben kann,
wie ein Baum seine Frucht,
die reif geworden ist.

Kleine Lichter

So viele kleine Lichter leuchten
in das Dunkel unserer Trauer:

Kleine Lichter der Liebe,
kleine Lichter der Erinnerungen,
kleine Lichter der Dankbarkeit …

Kleine Lichter,
die unseren Weg erhellen
und unseren Herzen Trost und
Zuversicht schenken.

Glaube – Liebe – Dankbarkeit

Wieder Vertrauen in das Leben haben
heißt nicht,
den Menschen vergessen,
um den wir weinen.
Denn es ist nicht nur
Zeichen unseres Mutes,
ihn loszulassen, freizugeben
für das andere Leben.

Es ist auch Ausdruck
unserer Dankbarkeit,
dass wir ein Stück des Weges
mit ihm gehen durften,
und unseres Glaubens
an die alles überwindende Liebe,
die keinen Abschied für immer kennt.

Abbildungen: Cover, S. 3: © Floydine – stock.adobe.com; S. 5: © pkanchana – stock.adobe.com; S. 6f.: © Yulia – stock.adobe.com; S. 9: © Juliana Nan – stock.adobe.com; S. 11: © aam460 – stock.adobe.com; S. 12f.: © soupstock – stock.adobe.com; S. 15: © Kotangens – stock.adobe.com; S. 17: © emmi – stock.adobe.com; S. 18f.: © Peter Nolten – stock.adobe.com; S. 21: © UlrikeAdam – stock.adobe.com; S. 23, 36f.: © annavalerievna1 – stock.adobe.com; S. 24f.: © Jeja – istockphoto.com; S. 27. © Jenny Sturm – stock.adobe.com; S. 29: © Laura Pashkevich – stock.adobe.com; S. 30f.: © VICUSCHKA – stock.adobe.com; S. 33: © Subbotina Anna – stock.adobe.com; S. 35: © Juliana Nan – stock.adobe.com; S. 39: © milosz_g – stock.adobe.com; S. 41: © stivog – stock.adobe.com; S. 42f.: © Visions-AD – stock.adobe.com

Bibliografische Information der Deutschen Nationalbibliothek

Die Deutsche Nationalbibliothek verzeichnet diese Publikation in der Deutschen Nationalbibliografie; detaillierte bibliografische Daten sind im Internet über http://dnb.d-nb.de abrufbar.

everlagsgruppe engagement

Das Gesamtprogramm von Butzon & Bercker finden Sie im Internet unter www.bube.de

FSC www.fsc.org MIX Papier | Fördert gute Waldnutzung FSC® C020056

ISBN 978-3-7666-2869-5

3. Auflage 2024

Umschlaggestaltung: Nicole Weidner, Kevelaer
Layout und Satz: Werner Dennesen, Weeze